DISCOURS

SUR

L'ALLIANCE DE LA FRANCE

AVEC LES SUISSES ET LES GRISONS,

Prononcé à l'Assemblée des Amis de la Constitution,

PAR M. DE PEYSSONNEL.

Le 3 Mai 1790.

A PARIS,

Chez BAUDOUIN, Imprimeur de L'ASSEMBLÉE NATIONALE, rue du Foin-Saint-Jacques, N°. 31.

1790.

DISCOURS

SUR

L'ALLIANCE DE LÂ FRANCE

AVEC LES SUISSES ET LES GRISONS,

Prononcé à l'Assemblée des Amis de la Constitution.

MESSIEURS,

Les événemens finistres qui se succèdent avec rapidité, les trames sourdes, les complots obscurs qui nous environnent ; la nécessité impérieuse qui appelle à grands cris vos Décrets sur l'ordre militaire & l'organisation de l'Armée, dont les troupes Helvétiques sont une importante portion;

L'Adresse que les Patriotes Grisons viennent de présenter à l'Assemblée Nationale, l'accueil qu'ils y ont reçu ; l'attachement qu'ils professent

A

envers la Nation ; leurs réclamations, leurs vœux, leurs espérances sont les motifs qui me déterminent à mettre sous vos yeux plusieurs observations relatives à notre alliance avec le Corps Helvétique, & les Ligues Grises, qui les premières ont porté à l'Assemblée l'hommage de leur admiration & de leur respect, & se sont montrées jalouses de resserrer les liens de cette confraternité sainte, par laquelle tous les Peuples libres doivent être unis.

Au commencement du quatorzième siècle, Messieurs, dans ces temps d'ignorance & de barbarie où l'Europe entière gémissoit sous la verge de fer du despotisme, & le régime odieux de la féodalité; la Nation Helvétique opprimée par la Maison d'Autriche qui venoit de naître, & qui, dès son berceau, s'étoit déjà montrée féconde en tyrans, la Nation Helvétique a su donner à l'Europe enchaînée le premier exemple de l'indépendance ; a su la première enseigner à l'Europe l'art de punir l'insolence des despotes, de briser les fers de la domination arbitraire; a su enfin se conserver jusqu'à nos jours libre & heureuse, au milieu de tant de Peuples esclaves & infortunés, dont elle étoit environnée. La Liberté ! cette fille aimable

dé la Tyrannie la plus exécrable de toutes les mè-
res , la Liberté élevoit jufqu'au fommet des Alpes fon front ferein & radieux , fécondoit ,
par fon fouffle pur & bienfaifant , les rocs ari-
des & efcarpés de la Suiffe , tandis que le Defpo-
tifme , par fon hideux afpect , effrayoit tout le
refte de l'Europe , & defféchoit par fon fouffle
infecté & empoifonné , les plaines riantes & fer-
tiles des autres contrées du Continent.

Les Suiffes , ces Peuples guerriers & magna-
nimes , ont été quelquefois nos ennemis ; ils ont
toujours , en combattant contre nous , confervé
également leur gloire dans leurs victoires & dans
leurs défaites ; ils ont fini par devenir nos plus
intimes & nos plus fidèles alliés. Accablés par le
nombre fupérieur des François commandés par
Louis XI , alors Dauphin , à la journée de S.-
Jacques , & prefque tous tués fur le champ de
bataille ; conquérans malgré les efforts de Louis
XII , de la Walteline , des Comtés de Chia-
venne & de Bomio , que la Ligue Grife poffède
encore , & de plufieurs autres Bailliages ; vain-
queurs des François à Novare ; vaincus par François I. à Marignan , après lui avoir difputé la
victoire avec la plus grande opiniâtreté ; on voit
que s'ils n'ont pas toujours triomphé , ils ont au

moins toujours vendu cher à leurs ennemis les lauriers qu'ils n'ont pu cueillir eux-mêmes.

· Charles VII forcé d'accorder son estime à la valeur que les Suisses avoient montrée à la bataille de Saint-Jacques, fut le premier de nos Rois qui conclut, en 1753, un traité d'alliance avec les Cantons alors confédérés; ce traité fut confirmé par son fils Louis XI. Après la défaite & la mort de Charles-le-Téméraire, Duc de Bourgogne, contre lequel il avoit suscité ces redoutables ennemis, François I. signa enfin avec eux, en 1516, une paix perpétuelle qui n'a plus été rompue depuis cette époque. Par le traité de 1521, ce Prince cimenta même encore avec les Cantons, des liaisons plus étroites. Le traité d'alliance de François I. fut successivement renouvelé par les Rois Charles IX, Henri III & Henri IV; & lorsque la Ligue voulut exclure ce Prince du Trône de France, les troupes des Cantons Protestans, & celles des Cantons Catholiques, divisées entre les deux partis qui agitoient alors le Royaume, se rallièrent toutes sous ses drapeaux, & ce fut à leur réunion qu'il fut principalement redevable de la victoire. Louis XIV fit, en 1663, un nouveau traité d'alliance avec les Suisses, dans lequel il comprit tous les

treize Cantons & les affociés de la Ligue Helvétique. Louis XVI l'a renouvelé en 1777.

Le principal objet de nos traités avec le Corps
Helvétique, a toujours été d'obtenir de lui des
fecours de troupes & des paffages, & d'empê-
chér qu'ils ne fuffent accordés à nos ennemis.
Ces fervices furent fouvent achetés très cher, &
par de grands facrifices. Dès les temps de Louis
XI, de Charles VIII, & de Louis XII, les
Suiffes mettoient déjà un très-haut prix à leurs
faveurs ; ils favoient fe prévaloir de la facilité
qu'ils avoient d'entrer dans la Lombardie, de
décider du fort du Milanois, & de mettre obftacle à nos conquêtes. Nos Rois étoient forcés de
fe concilier leur bienveillance par des dons, des
penfions, des capitulations avantageufes pour les
troupes qu'ils tenoient à leur folde, des privi-
léges de commerce, & une foule de conven-
tions particulières, qui font autant de traités &
d'inftrumens du droit public entre les deux Nations, & qui fe trouvent rappelés dans les traités d'alliance. Notre Gouvernement, de fon
côté, fit auffi plus d'une fois aux Suiffes des pro-
meffes illufoires qu'il n'avoit nullement envie
de réalifer ; la fineffe, les petites rufes miniflé-
rielles employées pour fe fouftraire à leur exécu-

A 3

tion, donnoient de l'humeur à des Peuples dont
la franchise & la simplicité font le principal ca-
ractère ; il fallut plus d'une fois dépenser infiniment plus pour étouffer leurs murmures, appaifer leurs plaintes, calmer leur ressentiment,
qu'on n'auroit dépensé pour les satisfaire. Plus
d'une fois enfin on a dû reconnoître, en traitant
avec eux, que la ruse coûte souvent bien plus
cher que la bonne foi.

Les intérêts de la France avec la Confédération Helvétique, Messieurs, doivent être en-
visagés sous le triple rapport politique, militaire & commercial.

La saine politique exige que les deux Etats
soient fidèles à la paix perpétuelle qu'ils ont
jurée en 1516, & dont le serment a été tant
de fois renouvelé, qu'ils maintiennent sans
cesse entre eux la plus étroite liaison & la
plus parfaite intelligence, & qu'ils évitent
soigneufement de part & d'autre tout ce qui
pourroit faire naître la méfiance & le refroi-
dissement.

La Suisse fortifiée par la chaîne des Alpes
qui la séparent de la France, n'a rien à craindre
de cet Empire, sur-tout dans le nouvel ordre
de chofes, les bafes pures, les principes facrés

ſur leſquels porte aujourd'hui la Conſtitution
Françoiſe, ſont pour la Confédération Helvétique
des barrières plus inexpugnables que les rochers
inacceſſibles que la nature a données pour rem-
parts à ſes poſſeſſions. Elle doit regarder la
France comme une puiſſante & fidèle Alliée,
dont tout l'engage à cultiver la bienveillance,
& de laquelle elle doit attendre une protection
conſtante & inaltérable de ſon indépendance
& de ſa ſouveraineté que cette Puiſſance a forcé
toute l'Europe de reconnoître par le traité de
Weſtphalie.

La France de ſon côté doit voir dans la
Suiſſe une voiſine paiſible dont elle n'a rien
à redouter, une fidele Alliée de laquelle elle
tire des ſecours de Troupes qui épargent les
Milices Nationales, dont l'alliance défenſive
garantit de toute attaque ſes frontières depuis
l'Alſace juſqu'au Dauphiné, & qui pourroit
au beſoin lever une armée pour défendre les
paſſages par leſquels les ennemis de cet Empire voudroient tenter d'entamer ſes poſſeſſions. L'évidence des intérêts du Corps Helvétique offre à la France la garantie la plus ſûre
de ſa fidélité : aucune alliance ne peut lui
être plus utile que la ſienne ; l'Eſpagne & la

Hollande font trop éloignées de lui pour qu'il puiſſe en eſpérer des ſecours, & il n'a avec ces deux Puiſſances d'autre rapport que celui du ſoudoiement de ſes troupes, qui eſt la branche la plus importante de ſon commerce. Quoiqu'il ait un grand nombre de Régimens à la ſolde du Roi de Sardaigne, il n'eſt pas bien raſſuré ſur ces diſpoſitions; les vues de ce Prince ſur l'Etat de Genève, à la conquête duquel la maiſon de Savoye ne renoncera jamais, ne ſont pas de nature à lui inſpirer une parfaite ſécurité. Ses rapports avec la cour de Naples & quelques autres petits Etats d'Italie, ne ſont pas aſſez intéreſſans pour donner à la France le ſoupçon d'une concurrence & d'une rivalité que ſes Ambaſſadeurs en Suiſſe ont toujours affecté de craindre, dans la vue de rendre leur miſſion plus importante & de pouvoir remplir leurs dépêches des détails auxquels ils donnent l'apparence & la couleur d'un grand intérêt. La France doit bien moins appréhender encore que la Suiſſe s'allie jamais avec l'Autriche; cette Puiſſance pourroit-elle imaginer qu'une Nation dont le domaine confine à l'Orient & au Midi avec les Etats Autrichiens deſquels elle a tout à craindre, qu'une Nation qui à conquis fur l'Autriche fa liberté, qui a combattu contre elle pendant deux cents ans pour la défendre, veuille rifquer de retomber dans les fers qu'elle a eu le courage de brifer ? pourroit-elle imaginer qu'à la haine, que l'excès de la tyrannie doit inf-pirer à l'opprimé contre l'oppreffeur, puiffent jamais fuccéder ce penchant, cette confiance, qui doivent être les bafes d'une fincère union, & d'une folide alliance ? Pourroit-elle imaginer enfin qu'un Etat qui a été la Patrie de Guil-laume Tell, puiffe jamais devenir l'allié d'un Empire fur lequel règnent les defcendans d'Albret d'Autriche ? Non, Meffieurs, tout concourt à convaincre la France de l'attache-ment conftant & imperturbable du Corps Hel-vetique, qui, tant qu'elle fera fidèle à fes engagemens, ne recherchera jamais d'autre al-liance, & lui livreroit même au befoin toutes les troupes qu'elle tient à la folde des autres Puiffances, s'il lui convenoit de s'en charger. J'ai des certitudes, & il feroit facile de prou-ver, que les Princes d'Allemagne viennent de faire tous leurs efforts pour engager les Cantons a accéder à la Ligue Germanique, & que ceux-ci ont conftamment répouffé leurs inſtances. Le Canton de Zurich eſt le ſeul que l'incertitude des diſpoſitions de l'Aſſemblée Nationale a tenu un inſtant dans l'indéciſion.

Si quelque choſe pouvoit altérer la bonne harmonie qui s'eſt maintenue ſi long-temps entre les deux Nations; ſi quelque choſe étoit capable de refroidir, d'aliéner peut être entièrement les Suiſſes, ce ſeroit le ſyſtême immoral & pervers que les Ambaſſadeurs de France réſidens à Soleure ont adopté depuis long-temps, & duquel ils ne ſe ſont jamais écartés, de ſemer la méſintelligence entre les Cantons, la diſcorde dans les familles, de diſtribuer des dons, des penſions, des emplois aux gens de marque, de répandre de l'argent dans le Peuple, pour corrompre tous les principes républicains, pour anéantir l'égalité des familles dans les Cantons ariſtocratiques, & dans les Cantons démocratiques l'égalité des individus, pour s'aſſurer de l'appui des chefs des Régences, & des ſuffrages du Peuple, dans la vue de faire agréer des propoſitions contraires aux intérêts de la République; pour acquérir enfin par la voie odieuſe de la corruption , une influence prépondérante fur la Confédération Helvétique. .

Cette manière indécente de capter la bienveillance & l'attachement d'un Peuple libre, coûte annuellement à la France environ 1,000,000, qui pourroit certainement être plus utilement employé. L'article qui comprend toutes les dépences qui y font relatives , eft paffé dans les comptes fous la dénomination vague *des Ligues Suiffes*. Les détails de ces comptes, fur-tout celui des penfions fecrettes, dont le nom feul annonce de blâmables machinations, mérite toute l'animadverfion de l'Affemblée Nationale. La République & principalement le Canton de Berne, qui eft le plus puiffant, ont fait d'inutiles efforts pour prévenir les troubles & les défordres que cette pratique blâmable à tous égards, répand fans ceffe dans les Cantons. Il a été défendu fous les peines les plus rigoureufes à tous les Sujets fans diftinction, de recevoir des penfions ni des dons quelconques , pas même les penfions militaires données à titre de retraite. Mais les perfonnes qui acceptent ces bienfaits fecrets, favent fe dérober à la vigilance & aux perquifitions des Magiftrats; & ces jouiffances obfcures, fouvent même criminelles, demeurent enfvelies dans les ombres du mystère. Mais les Suisses n'auront plus à redouter de la France libre & régénérée, les viles & basses intrigues qui semoient la discorde dans leurs Etats. Ces petits moyens ; ces pratiques ténébreuses adoptées avec avidité par le Despotisme, seront rejetées avec indignation par la Liberté. L'obscurité est le manteau duquel la lâcheté & la fourberie de l'un s'enveloppent sans cesse ; le courage & la franchise de l'autre sont toujours à découvert ; Médée cache ses poisons ; Hercule montre sa massue.

D'après l'exposé que je viens d'avoir l'honneur de vous presenter, Messieurs, il est évident que l'ambassade de Soleure, si utile, si lucrative pour les gens en faveur qui en sont pourvus, si inutile aux intérêts de l'Etat, & dont les fonctions pourroient être parfaitement remplies par un Résident, ou un Chargé d'affaire ; il est évident, dis-je, que cette ambassade est une manière de fléau pour le Corps Helvétique. Je suis convaincu que tous les Cantons témoigneroient unanimement à notre Cour le desir qu'ils ont d'en être affranchis, s'ils n'espéroient que dirigés dorénavant par les principes de justice, de noblesse & de dignité de l'Assemblée Nationale, les Ambassadeurs à Soleure, qui n'ont été jusqu'aujourd'hui que des agens de défunion & de difcorde, deviendront bientôt des miniftres de concorde & de paix; s'ils n'étoient raffurés fur l'avenir, par la conduite noble, fage & mefurée de l'Ambaffadeur actuel, qui a déjà tenu, en plus d'une occafion, une marche différente de celle de fes prédéceffeurs; s'ils n'efpéroient enfin, que le Sénat augufte qui donne à préfent des loix à la France, fera comprendre déformais au Pouvoir éxécutif que cet Empire peut tirer de bien plus grands avantages de la Suiffe réunie que de la Suiffe divifée, des Suiffes vertueux que des Suiffes corrompus;

Que l'harmonie, & l'intelligence entre les Cantons, peuvent feules former cette maffe impofante de forces, qui peut lui devenir utile au befoin;

Que la pureté des principes de fa nouvelle Conftitution lui attachera bien plus étroitement les Suiffes, que l'or qu'elle répand chez eux, & qui ne fert qu'à corrompre la leur;

Que deux Nations infiniment néceffaires l'une à l'autre, n'ont pas befoin d'acheter refpectivement ce qui leur eft impérieufement commandé par leur exiftence réciproque;

Qu'il est indécent à deux Peuples libres de vouloir, à prix d'argent, l'un chez l'autre, maîtriser l'opinion, usurper le crédit, enchaîner l'autorité ;

Qu'enfin les hommes dignes d'être libres, ne se vendent point, & que l'on n'achète que lesesclaves.

Louis XVI à renouvelé en 1777 un traité d'alliance avec la Confédération Helvétique pour le terme de cinquante ans, un traité de subside en temps de guerre, qui, dans le cas où la France auroit été attaquée ou menacée, leur auroit donné les moyens de lever & de placer sur les frontières de cet Empire une armée pour les garantir de toute attaque. Un traité qui les auroit maintenus dans la neutralité parfaite, auroit peut-être été préférable à ce traité d'alliance, qui, quoique purement défensif, peut les compromettre avec d'autres Puissances de l'Europe. En effet, l'Empereur Joseph II ayant passé en Suisse pendant les Négociations dont cette alliance a été le résultat, en témoigna en termes très-clairs & non équivoques son mécontentement. On lui répondit *que ce traité n'étoit absolument que défensif* : il répliqua avec assez de vivacité, que *le nom ne faisoit rien à la chose*

Notre Miniſtère preſſe aujourd'hui très-vive-
ment le Corps Helvétique de renouveler également la dernière capitulation militaire. Il voudroit tâcher de gagner de vîteſſe l'Aſſemblée Nationale, afin de pouvoir en rédiger les articles
ſuivant les principes de l'ancien régime, & donner à la faveur tous les emplois vacans, avant
qu'elle puiſſe en prendre connoiſſance. Mais la
République qui a vraiſemblablement pénétré
l'intention des Miniſtres, ne ſe hâte pas de con-
clure, & paroît ne vouloir ſe décider que lorſ-
qu'elle ſaura ſi l'Aſſemblée Nationale ſe réſerve,
ou abandonne au Pouvoir exécutif le droit
de la guerre, de la paix & des alliances.

Le Corps Helvétique, Meſſieurs, a aujourd'hui
à la ſolde de la France une armée fixe &
permanente, complétée régulièrement par de
nouvelles recrues, & qui ſert à des conditions
ſtipulées dans une capitulation, qui n'eſt cependant pas uniforme pour tous les Régimens.
Chacun de ces corps a dans ſes traités des clau-
ſes particulières; bigarure abſurde & importu-
ne, qui doit être faſtidieuſe aux deux Nations.

On peut remarquer dans cette capitulation
une foule d'autres vices également oppoſés aux
intérêts des deux Puiſſances contractantes, & qui

dans fon renouvellement, pourroient être cor-
rigés. Je vais tâcher de vous en donner le re-
cenfement.

L'empreffement que témoigne le Miniftère de
renouveler cet important contrat entre les deux
Nations, pour remplir les vues que j'ai déve-
loppées, eft un motif qui doit engager l'Affemblée Nationale à fe hâter de ftatuer elle même
fur le fort des Troupes Helvétiques, & de fe les
attacher inviolablement en prononçant un Décret
favorable au plus grand nombre. Le vœu unanime
des Cantons porte fur deux points principaux ; le
traitement avantageux de leurs foldats & de leurs
Officiers, & la confervation de huit Compagnies de Fufilliers par bataillon, à caufe de la
plus grande facilité qui en réfulte pour les entretenir. Si ces deux points font accordés, la Lé-
gation Françoife ne trouvera aucun obftacle à
faire agréer à la République la nouvelle compo-
fition & le nouveau régime que l'Affemblée Nationale aura décrété. On ne fauroit fe diffimuler
qu'il exifte dans les Cantons ariftocratiques de la
Suiffe, un parti qui ne croit point à la durée ni
à la ftabilité du nouvel ordre de chofes ; qui re-
grette l'étendue illimitée de l'autorité royale,
qui efpère même encore une autre révolution:

les

les Cantons démocratiques attendent, au contraire, la réfolution de l'Affemblée relativement à
la politique extérieure. Si elle l'abandonne au
Pouvoir exécutif, les uns & les autres, pour
plaire au Monarque, accepteront, fans balancer,
des formes favorables au pouvoir arbitraire. Si
elle fe réferve, au contraire, la connoiffance &
la direction des rapports externes; fi elle fe déter-
mine à confolider par un traitement avantageux
l'exiftence des Régimens Suiffes dans l'Armée
Françoife, les uns & les autres fuivront le cours
des événemens, leur politique fera invariable-
ment fixée par fes décifions, & fes Décrets feront
taire la voix de l'ariftocratie, en de-là comme en
de-çà des Alpes.

Le renouvellement de la capitulation avec les
Suiffes pour vingt-cinq ans, feroit contradictoire
avec l'article du Décret de l'Affemblée Nationale, qui attribue à chaque Légiflature le
droit de ftatuer annuellement fur la force de
l'Armée & l'admiffion des Troupes étrangères. Il faut donc que la claufe de la nouvelle
capitulation, relative à ce point important, laiffe
à la Légiflature la faculté de licencier les Suiffes
quand elle le jugera néceffaire, & aux Can-

Difc. fur l'All. de la France, &c.   B

tons celle de rappeler leurs Troupes quand ils le voudront : de forte que les vingt-cinq ans ftipulés ne foient point regardés comme l'efpace de temps déterminé, pendant lequel les Troupes Suiffes ne pourront être ni congédiées ni rappelées, mais comme l'époque fixe jufques à laquelle rien ne pourra être changé aux conditions de leur fervice.

Le vœu unanime de tous les Cantons eft que les Régimens Suiffes foient foumis au régime général de l'Armée. Le mode d'avancement par l'ancienneté & le mérite, eft leur principal defir. Ce mode exifte déjà dans quelques Régimens qui ont des capitulations particulières, & il n'y a rien de fi aifé que de l'établir chez les autres. Il convient aux Cantons démocratiques, où l'on veut l'égalité des individus. Il eft également de la convenance des Cantons ariftocratiques, où l'on veut l'égalité des familles patriciennes. L'ancien mode préfente deux énormes inconvéniens : le premier, de donner au Colonel des Gardes Suiffes, qui a l'exercice de la charge de Colonel-Général, la facilité de diftribuer les emplois fupérieurs des autres Régimens aux protégés qu'il a dans le fien, & de laiffer dans celuiti, par conséquent, le même nombre de places de faveur à remplir ; double abus affligeant, désespérant pour les autres Régimens sur-tout, où les places de Colonel sont à vie, & où les autres emplois supérieurs sont la seule perspective des Capitaines, après trente & quarante ans de service. Le second inconvénient de l'ancien régime, est de démembrer, pour ainsi dire, le Département de la Guerre par une prérogative qui n'offre que des abus. Le Colonel-Général, ou plutôt celui qui fait sa place, travaille avec le Roi, lutte sans cesse contre l'autorité du Ministre pour rendre la sienne indépendante, extorque souvent au Roi des signatures en opposition avec ses propres Ordonnances, & des règlemens particuliers qui n'ont que la valeur & la force qu'il leur donne. On a vu avec scandale le Ministre annuller un travail fait par Sa Majesté, parce qu'il étoit évidemment dérogatoire à ses plus modernes Ordonnances ; & violer dans le même temps, en faveur d'un de ses protégés, des règlemens particuliers au Régiment des Gardes Suisses, & désavantageux à tous ceux qui n'avoient pas le crédit de s'en faire excepter. C'est ainsi que l'autorité du Roi, morcelée par tous ceux qui pouvoient parvenir à s'en attri-

buer une portion, en s'affoibliſſant, n'en de-
venoit que plus oppreſſive.

Dès que l'Aſſemblée Nationale aura englobé
les Troupes Suiſſes dans ſon Décret, & les
aura ſoumiſes au régime général de l'Armée, la
ſuppreſſion de la charge de Colonel-Général des
Suiſſes & Griſons deviendra néceſſaire. Cette
charge inutile, dangereuſe, qui préſente des
abus ſans nombre, & pas un ſeul avantage,
ſoumet à un ſeul homme un Corps d'environ
quinze mille hommes armés, qui l'année dernière ont penſé être tous réunis dans un même
point : outre les Régimens Suiſſes raſſemblés au
Champ-de-Mars, pluſieurs avoient reçu ordre
de les joindre. Si cette réunion eût pu s'opé-
rer ſous un Général qui leur eût été connu, &
qui eût mérité leur confiance, la Révolution
auroit rencontré peut-être de plus grandes diffi-
cultés. On ne peut ſe diſſimuler, je le répète,
que la plupart des Chefs actuels de l'Armée
Helvétique à la ſolde de la France, preſque tous
Membres des Régences ariſtocratiques, regret-
tent l'ancien régime autant que les Nobles François : mais un Prince qui s'étoit juſqu'à cet inſtant médiocrement occupé de l'Armée étran-

gère qui étoit sous son commandement, ne
pouvoit pas y acquérir tout - à - coup une influence personnelle. D'un autre côté, la Révolution ayant renversé tous les pouvoirs , a
laissé un libre jeu à tous les intérêts. Les Officiers supérieurs ont pensé, les uns à la conser-
vation de leurs places, les autres à celle de leurs
troupes dont ils étoient propriétaires ; & il est
résulté de ces diverses considérations une neutralité générale, également heureuse pour tous
les intéressés & pour la chose publique Mais
ce qu'un Prince n'a pas fait, un autre pourra
le faire, & l'on n'aura peut-être pas toujours à
y opposer l'énergie d'un grand Peuple qui a
nouvellement conquis sa liberté. Si l'Assemblée
Nationale daigne peser dans sa sagesse toutes
ces réflexions, il n'y a pas lieu de douter qu'elle
se décidera à abolir la charge de Colonel-Général. Cette suppression , infiniment nécessaire
à l'Etat dans le nouvel ordre de choses , pourra
affliger quelques gens en faveur , mais opérera
l'avantage & le bien général de toute la Nation Helvétique. En effet , si un François est
révêtu de cette importante charge , il n'est point
responsable à la Diète des abus de son pouvoir ni des infractions aux capitulations ; &

cette independance expofe évidemment les intérêts de la Nation. Si elle eft confiée à un Suiffe,
le titulaire devient un Citoyen beaucoup trop
grand pour de petites Républiques, un co-
loffe dont l'énorme poids s'appefantit fur leur
liberté ; & l'Affemblée Nationale ne voudroit
pas travailler comme l'ancien Gouvernement,
à corrompre leurs principes. Cette charge, dans
les mains d'un Prince, a ce double inconvénient,
que le Prince en a le titre, & un Suiffe en a
l'exercice ; & de-là naît une foule d'intolérables
abus. Il eft donc d'une néceffité extrême de fupprimer une charge auffi inutile que dangereufe,
qu'on ne peut confier fans péril, ni au National,
ni à l'Etranger, & qui peut être fuffifamment
fuppléée par la refponfabilité de chaque Colonel à la Diète générale, telle qu'elle étoit éta-
blie & mife en vigueur dans le fiècle dernier.

L'Affemblée Nationale doit être prévenue,
au refte, que le Miniftère pourroit bien intri-
guer auprès des Cantons, & les porter à faire
quelques démarches pour la confervation de
cette charge, en confidération du titulaire actuel. Ce doit être pour l'Affemblée une raifon

de plus d'infifter fur fa fuppreffion. Il n'eft pas difficile d'obtenir une pareille recommandation des Cantons ariftocratiques, mais la Diète générale n'y aura certainement aucun égard, & ne confultera d'autre intérêt que celui de la Confédération.

La fuppreffion de la charge de Colonel-Général doit naturellement entraîner celle du Bureau & des Commis qui en dépendent. Ce petit Département ne fert qu'à augmenter les dépenfes de celui de la Guerre, à retarder l'expofition des demandes, & l'expédition des réponfes ; & les Régimens Suiffes ne peuvent que gagner à l'abolition d'un établiffement inutile, abufif & difpendieux.

Il a déjà été élevé à l'Affemblée Nationale une queftion fur l'article des franchifes accordées aux Suiffes. On ne fauroit nier que, dans le nouveau régime, l'exercice de ce droit feroit une monftruofité. On ne fauroit fermer l'oreille aux réclamations des Villes dont les octrois portoient fur les mêmes objets que ces franchifes, & qui ont fouvent demandé le déplacement des Corps auxquels elles avoient été accordées. On pourroit faire, à cet égard, un arrangement jufte & convenable, qui feroit de convertir ce droit en une fomme d'argent pour chaque Régiment, mais qui y feroit répartie de manière que le Soldat pût y participer dans une proportion équitable. Un fait très connu doit engager l'Affemblée Nationale à infifter fur cette condition. Lorfque, dans le Régiment des Gardes Suiffes, les dons annuels du Roi, en fel, & en tabac, furent convertis en argent, M. le Duc de Choifeul qui, en réuniffant dans les mains du Colonel toutes les maffes, avoit diminué confidérablement le fort des Capitaines, prit fur lui de leur attribuer en dédommagement le partage des fommes répréfentatives de ces dons, inftitués uniquement pour les Soldats. Cette difpofition defpotique a été, pendant la Révolution, le motif d'une infurrection qui a penfé entraîner la ruine du Corps, & qu'on n'a pu appaifer qu'en remettant les chofes fur l'ancien pied.

Après avoir parcouru ce qui a trait aux Troupes Helvétiques en général, il eft néceffaire de parler plus particulièrement du Régiment des Gardes Suiffes, qui fait partie de la Maifon

Militaire du Roi. Mais, avant d'entamer cette matière, il convient d'examiner deux questions essentielles auxquelles tient son existence.

Conservera-t-on au Roi une Maison Militaire? ou bien, toutes les Troupes de ligne & les Milices nationales garderont-elles le Roi tour-à-tour?

Rien au monde ne paroît si impolitique que d'avoir deux Armées dans le même Empire; celle de l'Etat, & celle du Prince; l'une réduite à une solde modique, à un vêtement simple, à un avancement lent & gradué, tenue sans cesse à une grande distance de sa rivale; l'autre magnifiquement payée, vêtue superbement, surchargée de décorations, accablée de grades honorifiques peu analogues à ses fonctions. Je sais que l'abolition des Corps privilégiés a été déjà décrétée par l'Assemblée Nationale; mais, si le Roi ou ses Ministres continuent de distribuer à volonté des commissions honorifiques, rien ne sera changé; & les chefs des Corps qui subsistent conservent encore cette espérance.

Le Roi des François sera-t-il gardé par des

Troupes étrangères ? aura-t-il pour sa sûreté une Garde prétorienne ?

Telle fut la précaution de Denis-le-Tyran & de ses semblables, telle fut celle des Césars ; mais cette précaution est dangereuse, ou tout au moins inutile ; elle prouve moins la confiance du Prince dans la Garde étrangère, que sa méfiance envers la sienne ; elle le rend odieux & suspect, en lui donnant l'apparence, l'air de vouloir se faire un parti hors de sa Nation, & ne le sauve jamais lorsque sa perte est résolue. La Garde étrangère ne put préserver Néron, quand ses cruautés eurent fatigué le Monde ; elle fut inutile à Antonin, qui n'eut jamais besoin que de l'amour du Peuple dont il étoit entouré ; elle ne put écarter la mort qui vint frapper au fond de son Palais Henri III, couvert du mépris de la Nation, & chargé de la haine publique ; elle laissa périr Henri IV au milieu d'un Peuple dont il étoit l'idole, & dont les descendans rendent encore de nos jours une espèce de culte à sa mémoire. Et Louis XVI, se fiant à ses vertus, & à celles de sa Nation, n'a pas craint, n'a pas hésité, dans les momens de la fermentation la plus effrayante, de venir dans Paris feul & fans Gardes, au milieu de 400 mille Citoyens armés, recevoir cette récompenfe fi flatteufe & fi chère à fon cœur, l'expreffion de l'amour qu'a mérité de la France entière le Reftaurateur de fa liberté.

Un plan plus fage & plus conftitutionnel pourroit détruire à jamais les abus qui fe font introduits dans la Maifon militaire du Roi, que plufieurs perfonnes font intéteffées à maintenir, non par attachement à la perfonne de Sa Majefté, mais pour conferver une certaine étendue de pouvoir, & la difpofition de plufieurs emplois importans & lucratifs.

Ce plan feroit que le Roi fût gardé concurrément ou alternative ment, ainfi qu'il l'ordonneroit, par les Troupes de ligne & les Milices nationales; favoir par les Régimens qu'il plairoit à Sa Majefté d'appeler auprès de fa perfonne, & les Milices du lieu où Elle feroit fa réfidence. Le fervice ordinaire de cette Garde feroit de 500 hommes de toutes armes chaque jour; les Troupes qui y feroient appelées & relevées à la volonté du Roi, n'auroient d'autres prérogatives que l'honneur de ce genre de fervice, & le pas fur le refte de l'Armée, tant qu'elles feroient ainfi particulièrement attachées à la perfonne de Sa Majefté. Cependant, attendu la cherté des vivres, & l'augmentation de toute efpèce de dépenfe dans le lieu de la réfidence du Monarque, il feroit attribué à ces mêmes Troupes un fupplément de traitement proportionné à leur folde ordinaire, payé par le Roi fur fa lifte civile, & réglé à raifon de deux cinquièmes pour le Soldat, de trois cinquièmes pour les Bas-Officiers, & de quatre cinquièmes pour les Officiers.

Si cependant l'Affemblée Nationale, déterminée par d'autres motifs, vouloit conferver au Roi une garde de fûreté, payée par lui, uniquement attachée à fa perfonne, entièrement féparée de l'Armée de ligne & de la Milice Nationale, il feroit difficile de ne pas continuer dans ce fervice le Régiment des Gardes-Suiffes, qui s'eft toujours parfaitement bien conduit, & qui, au milieu des troubles civils par lefquels ont été déforganifés tous les Corps de la maifon du Roi, a fu fe conferver intact fans choquer aucun Pouvoir.

Quel que foit le Décret qu'il plaira à l'Affemblée Nationale de prononcer fur ce Régiment, je crois néceffaire de donner une idée de fa conftitution actuelle, & des vices qui y font inhérens, afin que, s'il eft confervé, ces vices ne foient point confacrés par la continuation du même règlement qui a fixé fon régime.

En 1763 , M. le Duc de Choifeul, qui réuniffoit aux deux Départemens de la Guerre & des Affaires Etrangères , la charge de Colonel-Général des Suiffes, fit , à l'expiration de la capitulation , un nouveau règlement conftitutionnel pour le Régiment des Gardes-Suiffes, par lequel il retint la difpofition abfolue de tous les emplois importans. Les Cantons, auxquels ce réglement fut propofé du ton le plus defpotique & le plus impérieux, ne voulurent point en faire une capitulation particulière , & fe contentèrent d'y donner purement & fimplement leur adhéfion. Le Canton de Schwitz , dont toutes les délibérations fe reffentent de l'énergie des premiers défenfeurs de la Liberté Helvétique , outré de la morgue miniftérielle qui éclatoit dans ce nouveau règlement, refufa de l'agréer , & rappela fur-le-champ fes Troupes.

Le Régiment des Gardes-Suiffes ne fubfifte donc que par un règlement miniftériel , & non par une capitulation qui fixe le terme de fon exiftence : de forte qu'il pourroit être licencié à la volonté du Roi. Les principaux articles de ce règlement furent redigés par des principes despotiques ; les Compagnies ne furent plus attachées à un Canton déterminé , mais on décida qu'elles pourroient rouler entre tous , afin de donner plus d'étendue à une distribution arbitraire ; les grades militaires devinrent des bénéfices , comme les pensions que l'on répandoit en Suisse pour acheter les voix , & dominer dans tous les Sénats de la Confédération Helvétique ; il n'y eut enfin plus d'autre mode d'avancement que la corruption & la faveur. Le Régiment des Gardes Suisses est le seul Régiment d'infanterie en Europe , où l'on n'arrive pas aux compagnies de fusilliers par ancienneté , & où l'on voye les Lieutenans devenir Officiers généraux avant que leurs Capitaines soient Majors. Il en résulte une subversion des grades ridicule & révoltante , puisque de très-jeunes Capitaines commandent d'anciens Colonels à brevet , & même des Maréchaux-de-Camp. Les Compagnies de Grenadiers sont distribuées de la même manière. Cette inégalité d'avancement n'a point sa source dans l'inégalité de naissance , mais dans la faveur , & dans toutes les passions qui la déterminent. L'Article XXX du règlement porte *que les Compagnies ne seront données qu'aux Officiers qui les auront le mieux méritées.* Mais tout le monde fait que cet article eft une pure déri-fion, & ne fert qu'à donner aux protecteurs une latitude indéfinie. Tous les Officiers des autres Régimens Suiffes ont été rendus fufcep-tibles d'être promus aux Compagnies de celui des Gardes, & aux autres emplois dans les Grenadiers & dans l'Et t-Major. Sous cette dé-nomination d'Officie Majors, on a inftitué un ordre d'Officiers auxquels ont été accordées plufieurs prérogatives qui rabaiffent d'autant les autres emplois. Les chefs ont fini par leur tranfporter toute l'autorité & le commande-ment, fans diftinction de l'ancienneté de fervice; & ces Officiers exercent aujourd'hui toutes les fonctions de Commandant de Bataillon : étrange abus, par lequel la fubordination fe trouve to-talement intervertie! Enfin le privilége accordé aux Colonels de nommer un Capitaine-Com-mandant à fa Compagnie, a reçu une exten-fion contraire au règlement. Ces Commandans font toujours promus de préférence aux Com-pagnies, pour rendre les commandemens qu'ils quittent plus fouvent vacans, & faciliter aux protecteurs une fucceffion continuelle de no-minations au même emploi. On voit donc que dans le Régiment des Gardes Suiffes, un Officier peut fervir aifément pendant quarante ans toujours à la même place , & dévorer le dégoût d'effuyer tous les paffe-droits & de voir avancer avant lui tous les protégés.

Après la démiffion de M. le Duc de Choifeul , fon autorité tombée entre les mains des chefs du Régiment , a rendu les préférences infiniment plus odieufes. Dès-lors la parenté & les alliances ont paru fouvent les feuls titres d'avancement , & les compagnies font devenues des bénéfices héréditaires.

Pour comble de monftruofité , & contre l'efprit de la Confédération Helvétique , toutes les places d'Etat-Major & d'Officier fupérieur ont été interdites aux Proteftans , quoiqu'aucun article du règlement ne leur en donne l'exclufion. Les chefs nourriffent peut-être encore l'efpoir fecret de foutenir cette difpofition inique , au mépris des Décrets de l'Affemblée Nationale , & fans autre motif que leur intérêt.

La partie des finances du Régiment fut réglée, dans le plan de M. de Choifeul , d'une manière analogue à fes vues ; c'eft à dire que le chef en eut l'entière & abfolue difpofition.

On

On établit pour l'adminiftration des fonds un régime obfcur & myftérieux, également favorable au gafpillage & à l'économie.

Le Corps des Gardes-Suiffes, compofé de quatre bataillons, & fort de 2400 hommes, coûte plus d'un million trois cents mille livres; la dépenfe de fon Etat-Major monte à 130,000 liv., la fomme des maffes s'élève environ à 400,000 l., & le foldat, avec fon prêt de 8 f. 6 d. par jour, mouroit de faim, lorfqu'au commencement de la Révolution, les Officiers obtinrent pour eux, du Colonel, un fupplément fourni par la Caiffe.

Le tout eft payé au complet chaque mois, & le Commiffaire eft attaché au Corps; deux abus qui concourrent au même but. Les économies fur les maffes, le non-complet, les retenues fur les travailleurs, les avances des emplois, fouvent prolongées, les retenues faites aux Officiers à leur entrée dans le Corps, & à toutes les mutations de grades, font l'objet d'une manutention dont le chef ne rend compte qu'à la Cour. Tel eft le régime des finances.

Quant à la formation de ce Régiment, elle

ne reſſemble à aucune formation connue ; elle n'a aucun rapport à l'ordonnance d'exercice ; de ſorte qu'il faut rompre l'ordre de formation, toutes les fois qu e l'on prend l'ordre de bataille. Les bataillons ſont de trois Compagnies, les Compagnies de cent ſoixante-dix hommes ; les Grenadiers n'y ſont que dans le rapport d'un dixième ; mais, en revanche, l'Etat-Major eſt compoſé de plus de quatre-vingts Officiers.

D'après cet expoſé, on concevra aiſément que les Officiers de ce Corps ont dû être excédés d'un pareil régime. Inſtruits, vers le mois d'Août dernier, que les Chefs, coaliſés avec quelques perſonnes placées à la tête des Régences les plus ariſtocratiques de la Suiſſe, s'efforçoient, au milieu même de la révolution actuelle, de faire renouveler à la hâte la capitulation ſur l'ancien pied ; ces Officiers qui préjugeoient déjà les nouveaux principes de l'Aſſemblée Nationale ſur la Conſtitution Militaire, envoyèrent à leurs Souverains reſpectifs une Adreſſe pour demander une meilleure capitulation, & les ſupplier d'attendre un Mémoire inſtructif à cet égard ; ce qui a ſuſpendu l'effet des Négociations que le Miniſtère avoit déjà entamées. Les chefs ont voulu traiter cette dé-

marche d'infurrection , & n'ont fait que la juſtifier par cet abſurde reproche.

Je crois avoir fuffiſamment démontré que la
conſtitution actuelle du Régiment des Gardes-
Suiſſes eſt vicieuſe à l'excès , qu'elle eſt diamé-
tralement oppoſée aux principes de la nouvelle
Conſtitution Françoiſe , & que ſi l'on s'obſtinoit
à la conſerver , elle formeroit un contraſte infiniment dangereux. Rien n'eſt ſi étrange que les
raiſonnemens par leſquels les Chefs de ce Corps
prétendent juſtifier ſa conſtitution monſtrueuſe,
& légitimer la demande qu'ils oſent faire de ſa
conſervation ; rien n'eſt ſi inconcevable que l'i-
gnorance & la crédulité des Miniſtres à cet
égard.

Il feroit difficile d'établir un plan de réforme
détaillé, avant de ſavoir bien préciſément ſur
quel pied ce Régiment ſera conſervé. Il paroît
cependant qu'en tout état de cauſe , on pourroit
déterminer un mode d'avancement plus régulier ,
en conſidérant toutes les Compagnies comme *non
avouées; ce qui eſt déjà preſqu'établi, puiſqu'elles
ſont déclarées n'appartenir à aucun Canton ; ou
bien en les faiſant *avouer* toutes : alors l'avancement par Canton feroit déterminé d'une manière

invariable. Dans ces deux cas, les Républiques Suisses devroient également se réserver la nomination aux premiers emplois; afin que tous les avantages du service ne fussent pas, comme à présent, concentrés dans deux Cantons, & presque dans deux familles. On n'aime pas plus en Suisse qu'ailleurs les Corps privilégiés; la jalousie des autres Régimens Suisses, contre celui des Gardes, est extrême & connue; lui-même ne peut que gagner à un grand changement qui détermineroit un mode d'avancement fixe & indépendant de la faveur, qui supprimeroit les places d'Officiers-Majors, & de Commandans de Compagnies, & qui donneroit sur-tout aux Bas-Officiers l'espoir certain d'être portés à des grades plus élevés, & placés dans la colonne des Officiers, lorsqu'ils s'en seroient rendus dignes.

Le droit d'admettre les troupes Suisses à la solde de l'Etat, & d'en limiter le nombre, est sans contredit une partie essentielle de la liberté que la Nation vient de recouvrer. L'abandon de ce droit ne pouvoit être fait au Pouvoir exécutif sans devenir un vice de la Constitution. On peut aisément s'en convaincre, en considérant que les

Régimens Suisses sur le pied actuel, ont au moins un tiers d'étrangers dans leur composition, & qu'un très-grand nombre de leurs Compagnies ne sont *avouées* par aucun des Etats qui forment le Corps Helvétique. Ces troupes non-*avouées* ont été levées autrefois, comme par entreprise, sans l'intervention des Républiques Suisses, & sont recrutées d'individus de toutes les Nations de l'Europe. Le Roi trouveroit aisément à lever sur le même pied 20,000 hommes, qu'il baptiseroit du nom de Suisses avec la même facilité, & qui pourroient peut-être un jour dominer dans l'armée. L'Assemblée Nationale a heureusement prévenu ce danger, par le Décret sage qui suffit pour dissiper toutes les craintes de la Nation à cet égard.

Tel est, Messieurs, l'état actuel des Troupes Helvétiques à la solde de la France. Cette discussion militaire est trop étrangère à la carrière que j'ai courue, pour que vous ayez pu vous y méprendre, & la regarder comme le fruit & le résultat de mes observations. Ces détails utiles, mais peu amusans, m'ont été fournis par des Officiers Suisses du mérite le plus distingué, qui les ont déjà depuis long-temps déposés dans les Bureaux du Ministère, & ceux je n'en ai été que le rédacteur; je suis le **Geai** paré des plumes du Paon; c'est la voix de Jacob à laquelle je n'ai fait que prêter la main d'Esaü, & cette main a peut-être promené trop long-temps votre attention sur un champ vaste, mais sec, dans lequel il m'a été impossible de faire naître quelques fleurs qui pussent vous en déguiser l'aridité.

Il ne me reste, Messieurs, qu'à jeter un coup d'œil rapide sur la République des Grisons. Cet Etat est composé de soixante trois Municipalités divisées en trois Ligues, connues sous les noms de Ligue Grise, Ligue Cadée, ou de la Maison - Dieu, & Ligue des dix Droitures. Cette République est alliée de la France; elle est comprise dans le traité d'alliance conclu par Louis XIV, en 1663, avec les treize Cantons Suisses & leurs alliés, & renouvelé par Louis XVI en 1777; mais elle n'a point avec nous de capitulation particulière pour ses Troupes, qui ne sont à notre solde que par une convenance réciproque.

L'Adresse qu'un grand nombre de bons Citoyens de cette République, & deux Chefs de Ligue ont fait parvenir à l'Assemblée Nationale, du Comité Militaire de l'Assemblée Nationale;

& la note qu'ils ont envoyée à l'Ambaſſadeur
de France à Soleure, prouvent qu'ils partagent les
ſentimens des Cantons Helvétiques ; qu'ils expri-
ment le même vœu pour l'obtention d'un Décret
de l'Aſſemblée Nationale , qui ſoumette leurs
Troupes au régime général de l'Armée Françoiſe,
& au même mode d'avancement , & pour la
ſuppreſſion des penſions ſecrètes , dont le Chargé
d'affaires de France auprès de la République ,
eſt le diſtributeur ; qu'ils forment enfin les mêmes
plaintes contre la politique perverſe du Miniſtère
François , qui veut dominer leur petit Etat , en
y ſemant la diviſion & la diſcorde , en y diſtri-
buant des dons , des penſions , des emplois à
ceux de ſes protégés dont il veut favoriſer l'élé-
vation ; & en employant tous les moyens de corruption dont l'effet eſt d'altérer les principes républicains , de détruire l'égalité des individus ,
d'influer ſur la repréſentation nationale , de gê-
ner les élections , & d'enchaîner la liberté de la
République.

On a déjà voulu élever des doutes ſur la léga-
lité de l'Adreſſe des Patriotes Griſons , parce
qu'elle n'eſt ſignée que par les deux Chefs des
Ligues Griſes & des dix Droitures , qui n'y
ont pas même appoſé leurs ſignatures à titre

de Chefs de Ligues , mais comme particuliers ,
& que celle du troisième Chef de la Ligue Cadée
ne s'y trouve pas. La note des Patriotes à l'Am-
bassadeur de France à Soleure donne une expli-
cation de ce *déficit*, & nous apprend que ce Chef
est un Membre d'une famille prépondérante, de
laquelle il paroît que la République a infiniment à
se plaindre. L'Adresse envoyée à l'Assemblée Nationale est revêtue d'un grand nombre de signatures , parmi lesquelles se trouvent , comme je
l'ai dit , celles de deux Chefs de Ligue ; elle est
accompagnée d'un Décret de la Ville de Coire,
Capitale de la Ligue Cadée , dans laquelle réside
le Chef de cette Ligue qui a refusé sa signature ,
& cette ville paroît être dans les mêmes principes que les Patriotes Grisons. Au reste , rien ne
prouve plus évidemment l'authenticité de cette
Adresse , que l'alarme qu'elle a donnée à notre
Gouvernement. On a des indices que le Ministère va se mettre en mouvement pour la faire
désavouer par la République ; mais quand même
ce désaveu seroit obtenu de quelques personnes
vendues au parti contraire , & placées, dans ce
moment-ci , à la tête de la Régence , il seroit
bien loin d'exprimer le vœu général. Ce désaveu,
dis-je , ne seroit jamais celui des personnes qui

ont figné l'Adreffe , qui ont pour elles la majo-
rité , & repréfentent la partie du Peuple la plus
nombreufe.

Je ne m'étendrai pas, Meffieurs, fur les rapports commerciaux de la France avec la Suiffe ;
leur développement reculeroit encore les bornes
de ce Difcours , qui a peut être déja excédé celles
de votre patience. Il eft démontré par les Etats de
Commerce que la balance de celui que nous
faifions en Suiffe eft entièrement à notre avantage; que nous devons par conféquent le conferver
& lui donner, s'il eft poffible, encore plus d'é-
tendue.

Je me bornerai à vous expofer deux points ef-
fentiels qui pourroient refroidir infiniment les
Républiques Helvétiques envers la France, &
altérer l'attachement & l'affection qu'elles lui
ont voués depuis fi long-temps.

Les Cantons fouffrent impatiemment les éter-
nels prétextes, que notre Gouvernement allègue
pour retarder la livraifon des fels de Franche-
Comté & de Loraine , qu'il s'eft engagé a leur
fournir. Il eft dû au feul Canton de Berne , un
arrérage de 1 3c,000 quintaux qui , à raifon de

2 f. 6 d. la livre, font un objet de 1,625,000 liv. De pareils arrérages fon également réclamés par plufieurs autres Cantons. Quelques uns excédés de ce retardement & n'en prévoyant pas le terme, ont, à notre grand détriment, renoncé à nos Sels, & fe font tournés vers ceux de Bavière & de Tirol, dont la traite eft pour eux moins chère, plus prompte, & plus commode. Rien n'eft plus impolitique, dans le moment de pénurie où nous fommes, que le retardement de la livraifon de ce Sel, dont la vente feroit entrer, en numéraire effectif, une fomme importante dans le Royaume.

Le droit énorme de quarante-cinq pour cent, que notre Gouvernement a mis fur les toiles de Suiffe, caufe pareillement à la Confédération Helvétique le plus grand mécontentement. Ce droit vraiment exorbitant, qui ruine fon pays en écrafant fes Manufactures, fut impofé lors de l'établiffement de la défunte Compagnie des Indes, par M. de Calonne, qui vouloit empêcher l'entrée des toiles suiffes dans le Royaume, pour favorifer cette Compagnie, dont-il étoit le fondateur & le protecteur. La République a lieu d'efpérer que l'abolition de la caufe, fera ceffer l'effet, & que le Gouvernement de France fe relâchera de la rigueur exceſſive dont-il a uſé à ſon égard.

Les loix de la politique n'impoſent-elles pas à la France des ménagemens réciproques envers une Nation avec laquelle elle fait un commerce dont la balance eſt entièrement en ſa faveur? Les traités entre les Peuples ne doivent être que des équitations ; ſans quoi ils ne peuvent être de longue durée.

Tels ſont, Meſſieurs, les objets deſquels j'ai cru qu'il étoit indiſpenſable & preſſant de vous entretenir. Leur importance, leur muliplicité, leur urgence, peuvent ſeules obtenir grace de vous, pour la prolixité indiſcrète de ce diſcours. Je me réſume, & je conclus que l'Aſſemblée Nationale doit être ſuppliée :

Premièrement, de requérir le Pouvoir exécutif de ſuſpendre le renouvellement de la capitulation avec les Cantons Helvétiques, juſqu'à ce que l'ordre des matières dont elle s'occupe, lui permette d'en prendre connoiſſance ;

Secondement, de rendre, en attendant le renouvellement de la capitulation, un Décret proviſoire qui ſoumette les Troupes Suiſſes & Gri-

fonnes qui font à la folde de la France , au régime général , & au mode d'avancement qu'elle
décrétera pour l'Armée Françoife ;

Troifièmement , de fupprimer à jamais la
charge de Colonel-Général des Suiffes & Grifons , & le Département qui y eft attaché ;

Quatrièmement , de requérir le Pouvoir exécutif de fufpendre toutes nominations aux emplois dans les Régimens Suiffes , jufqu'à ce qu'il
ait été par elle définitivement ftatué fur le fort
des Troupes Helvétiques ;

Cinquièmement , de requérir le Pouvoir exécutif de ne plus entretenir aucun Agent auprès des Ligues Grifonnes , & de réunir cette
miffion à celle de fon Ambaffadeur , Réfident ,
ou Chargé d'affaires auprès des Cantons Helvétiques.

Sixièmement , de requérir le Pouvoir exécutif de fupprimer pour toujours les dons , les
gratifications , les penfions qu'il faifoit diftribuer
dans les Etats de la Confédération Helvétique &
de la République des Grifons ; de déclarer
qu'elle n'admettra point dans les comptes com-
pris fous la dénomination vague des *Ligues Suif-*

ſes , les articles qui ne pourront pas êtes publiquement avoués ; & de laiſſer au Pouvoir exécutif & au Département des Affaires Étrangères les mêmes ſommes , pour être employées à aſſurer le ſuccès de ſes négociations d'une manière conforme aux principes & aux Décrets de l'Aſſemblée ;

Septièmement, d'ordonner que les arrérages du ſel de Lorraine & de Franche-Comté , dûs aux Cantons Suiſſes , leur ſoient inceſſamment livrés ; pour faire entrer par cette vente dans le Royaume une ſomme de numéraire effectif qui peut être conſidéré , dans le moment préſent , comme un ſecours de quelqu'importance ;

Huitièmement , de prendre en conſidération le droit, vraiment exceſſif, de quarante-cinq pour cent , impoſé ſur l'entrée des toiles de Suiſſe dans le Royaume , & d'examiner , dans ſa ſageſſe , s'il ne conviendroit pas de le réduire. L'énormité impolitique de cette impoſition eſt un aiguillon qui réveille ſans ceſſe la cupidité des contrebandiers, excite leur émulation , redouble les efforts de leur induſtrie, &, par l'appât éblouiſſant qu'elle offre à la contrebande , peut rendre illuſoire la faveur apparente que nous préſente la balance de notre Commerce avec les Cantons.